Gedichte – meine Träume

Einen besonderen Dank möchte ich meiner Frau aussprechen welche mir geduldig mit Rat und Tat zur Seite gestanden hat. Außerdem bedanke ich mich bei Bernd Rosarius vom Garten der Poesie auf dessen Erfahrung ich zurückgreifen durfte.

Kurt von der Heide

Gedichte – meine Träume

Träumen sie mit mir

Bibliografische Information der Deutschen Nationalbibliothek:
Die Deutsche Nationalbibliothek verzeichnet diese Publikation in der Deutschen Nationalbibliografie; detaillierte bibliografische Daten sind im Internet über http://dnb.dnb.de abrufbar.

© 2013 Kurt von der Heide

Herstellung und Verlag: BoD – Books on Demand, Norderstedt
ISBN: 978-3-7322-4449-2

INHALTSVERZEICHNIS

Ich bin (k)ein Dichter - 7
Ein Geschöpf Gottes - 8
Urlaubsglück - 9
Dein Beschützer - 10
Der Hochschulabsolvent - 11
Misshandelt - 13
Wahrer Freund - 14
Zur ewigen Erinnerung - 15
Engel der Stille - 17
Wolkenspiel - 18
Frühlingserwachen - 19
Es war einmal - 20
Du musst es lesen… - 22
Falscher Engel - 24
Meine Entdeckung - 25
Beim Arzt im Wartezimmer - 26

Der Pfeil - 29
Meine Vertraute - 30
Hör doch mal genauer hin - 32
Ich glaube daran - 33
Zweite Wahl - 34
Wieder ein Jahr älter - 35
Der Baum - 36
Ich schlief und träumte - 37
Julia ohne Romeo - 39
Sommerzeit - 40
Hinter der Wolkenwand - 41
Ich bin die Welt - 42
Einsamkeit der Nacht - 43

Schrecklich - 44
Der Clown - 45
Ich sehe - 47
Frieden im Herzen - 50
Traumwelt - 52
Zu Hause - 53
Engelsworte - 54
Sehnsucht ist unstillbar - 55

ICH BIN (K)EIN DICHTER

Ich weiß ich bin kein weltbekannter Dichter
Diesen Anspruch erheb ich nicht
Gesehen auch bei hellem Licht
Klingt das was ich schreib' nur manchmal nach Gedicht

Ich habe keine Form und keinen Stil
Aber davon doch recht viel
Häufig sind auch Fehler drin
Ich schaue lieber gar nicht hin

Ich bin ein Mensch der sich Gedanken macht
Über sich selbst und alles in der Welt
Auch wenn so mancher über mich dann lacht
Und von meinen Treiben gar nichts hält

Werd weder berühmt noch reich
Auch ein Buch zu schreiben fällt nicht leicht
Schreibe meine Gedanken so wie sie kommen
Sind sie auch manchmal noch verschwommen

EIN GESCHÖPF GOTTES

Es zog mich hinaus in des Schöpfers Natur
Wollt was tun für Gesundheit und Seele – Egoismus pur
War guter Dinge und Frohgemut
Ließ die Gedanken schweifen – was man ja so tut

Ließ mich verwöhnen von der herbstlich Sonne Strahl
Das leise rauschen des Windes sich durch die Bäume stahl
Plötzlich sah ich das ich war nicht mehr alleine
Sah ein Wunder der Natur mit vier Beine

Am Waldrand im Schatten der Bäume stand ein Reh fast verborgen
Scharte mit dem Hufe leicht – scheinbar ganz ohne Sorgen
Mit braunen Augen wie ich sie schöner noch nie sah
Stand es dort – mir richtig nah

Die Augen schienen zu fragen – bist du Freund oder Feind
Keine Angst – in diesem Moment sind unsere Seelen hier vereint
Blickten so lieb und doch so stolz in diese Welt
Möchte diesen Augenblick nicht missen – für kein Geld der Welt
Das Reh ging dann langsam tiefer in den Wald
Ich dankte Gott für dieses erleben – auf wiedersehn bis bald

URLAUBSGLÜCK

Sitze hier im Urlaub draußen vor der Tür
Höre das Meeresrauschen und denke an der anderen Neid
Was soll ich machen – kann doch nichts dafür
Urlaub ist für mich eine unglaublich' Kostbarkeit

Salzig schmecken meine Lippen
Höre der Vogelschar fröhlich' Stimmen
Sehe die Segelschiffe im Hafen wippen
Und Menschen im Wasser schwimmen

Rötlich gefärbt der weite Horizont
Der weiße Strand dem Meer Einhalt gebietet
Bezieht gegen die Fluten eine halbrunde Front
Sich jedes Sandkorn an Mut und Schönheit überbietet

Ich fühle einen Moment der Ruhe und Besinnlichkeit
Sehe seltsame Wesen die entsteigen der Wellen Gischt
Schließe die Augen vertraue den Sinnen der Wirklichkeit
Hoffe das der Wind mein Glücksgefühl dann nicht verwischt

DEIN BESCHÜTZER

Für dich hat ein Engel den Himmel verlassen
Da gibt es nur Liebe und nichts zu hassen
Er wird jetzt an deiner Seite wachen
Damit du in deinem Leben auch kannst lachen

Du kannst ihn zwar nicht sehn
Aber er wird nun jeden Schritt mit dir gehn
Er hat es sich zur Pflicht gemacht
Und gibt jetzt auf dein Leben acht
Denke nie du bist allein
Er wird nun immer bei dir sein

DER HOCHSCHULABBSOLVENT

Es war einmal ein Hochschulabsolvent
Der war alles nur nicht abstinent
Für ihn zählte nur das logisch' Argument
Wollt' er doch werden des Professors erster Assistent
Und verdienen ganz viel Euro und auch Cent
Alles andere war für ihn ganz dekadent
Logisch das nur er alleine arbeitet effizient
Fühlt sich wie im Orchester der Dirigent
Nur ist sein Taktstock eben des Chirurgen Instrument
Was für diese nicht unbedingt ist ein Kompliment
Denn nicht jeder hält ihn für kompetent
In erster Linie natürlich sein Kontrahent
Wenn er startet am Menschen wieder ein Experiment
Dann fühlt er sich in seinem Element

Er gibt viele teure Partys denn er ist ja schließlich prominent
Darum braucht er den Job damit er nicht wird insolvent
Doch immer nur der zweite sein widerstrebt seinem Ego vehement
Darum fälscht er dieses und jenes Dokument
Und bekämpft seine Angst mit einem Medikament
Sein Leben ist jetzt noch mehr turbulent
Merkt nicht das dieses immer mehr wird transparent
All das kommt zu Ohren dem hohen Management
Und das führt ein strenges Regiment
Seine Machenschaften bald ein jeder kennt
Und es wird ihm weggerissen sein ganzes böses Fundament

Nach einer Beichte beim nächsten Reverend
Wechselt er fluchtartig dann den Kontinent
Jetzt versteckt er sich ganz tief im Orient
Einsam ist er nun und er geläutert sich auch nennt
Doch verantworten muss er sich doch eines Tages vor
unserem allerhöchsten Präsident

MISSHANDELT

Ich werde ständig misshandelt Tag für Tag
Trotzdem stehe ich immer wieder auf
Niemand ist da der mich wirklich mag
Habe Blessuren zu Hauf

Fühle mich irgendwie wie festgebunden
Bin gezwungen da zu bleiben
Werde von sogenannten „Menschen" scheinbar mit Freude geschunden
Wo bleibt die Liebe wenn es andere so bös mit mir treiben

Ich sehne mich so sehr nach Anerkennung und Zärtlichkeit
Egal was ich mache niemals werde ich gelobt
Werde oft beschimpft aus reiner Boshaftigkeit
Kann die Verzweiflung nicht beschreiben die in mir tobt

Sie lassen ihre Wut an mir aus mit aller Kraft
Und behandeln mich wie den letzten Dreck
Nur eine Kugel mir die ersehnte Erlösung schafft
Denn ich bin beim kegeln das linke Holz im Eck

WAHRER FREUND

Wolltest immer schon ihn haben
Wurd von den Eltern stets verboten – diesen Raben
Konntest nirgendwo ihn verstecken
Jeder würd ihn sofort entdecken

Möchtest nur mit ihm spielen
Denn für dich ist er keiner von vielen
Er ist für dich ein großer Star
Ein roter Teppich nur für ihn ganz klar
Für dich ist er der Größte
und natürlich auch der Schönste

Hat stets für dich ein offenes Ohr
Trägst ihm all deine Gedanken und auch Sorgen vor
Er ist für dich da in deiner Not
Und sitzt mit dir im gleichen Boot

Teilst mit ihm Sofa und auch das Bett
Drum findet er dich richtig nett
Einem wahren Freund ist halt nichts verboten
Schon gar nicht einem Kläffi auf vier Pfoten

ZUR EWIGEN ERINNERUNG

Viele Jahre, in Freud und Leid, warst du unser treuer Begleiter
Deine strahlenden Augen und dein freudiges Gebell
Stimmten auch uns froh und heiter
Und nun ist alles vorbei – so schnell
Kleine Stimme erhebt sich nicht mehr

Hast uns verlassen nun für immer
Belegst deinen Platz im Hundehimmel
Wohnst in unseren Herzen stets und immer
Wir sehen die Wolke die dich hinaufträgt in den Himmel
Kleines Herz es schlägt nicht mehr

Warst für uns mehr als nur eine Tier
Treu als Freund und Beschützer standest du an unserer Seite
Es war als wärst du erst seit gestern hier
Und nun gehst du in das unergründlich Weite
Treues Herz es schlägt nicht mehr

Deine lieben Augen sich aufmerksam in der Welt umschauten
Tränen von Kummer und Schmerz wurden in dein Fell geweint
Durch deine Anwesenheit Fremde sich nicht ins Haus rein trauten
Mut und Beschützerinstinkt waren in dir vereint
Kleine Seele schwebt umher

Diagnose der Ärzte stach uns direkt ins Herz
Wir wollten es nicht glauben
Ab sofort war jeder Tag für dich ein Schritt weiter
Himmelwärts
Du hast es gespürt – man sah es in deinen traurigen
Augen
Kleine Beine tragen den Körper nicht mehr

Wir begleiteten dich so gut es ging
Und halfen dir bei deinen letzten Wegen
Letztendlich war unsere Hilfe zu gering
Zum Abschied blieb ein kleines Grab begossen mit unseren Tränen
Und ein gesprochenes Gebet mit unserem Segen
Kleines Herz es schlägt nicht mehr
Kleiner Liebling lebt nicht mehr

ENGEL DER STILLE

Täglich strömen so viele Worte auf dich ein
Gespräche gehen tief in dich hinein
Sehnst dich nach Stille um dich herum
Brauchst nicht fragen nach dem wieso und warum
Im Haus deiner Seele in einem Raum
Wohnt der Engel der Stille – du spürst ihn kaum

Er nimmt dich an die Hand und lehrt dich schweigen
Du merkst auf einmal was deine Seele den ganzen Tag musste leiden
Du brauchst diese Stille und dieses Schweigen damit die Kraft nicht versiegt
Denn du willst nicht das der Alltag dich besiegt
Der Engel stillt des Herzens verlangen
Dadurch kann der Frieden zu dir gelangen
Die Stille ist die Tür welche leise aufschwingt
Damit für unsere Seele diese unhörbare Melodie erklingt

WOLKENSPIEL

Wenn die Sehnsucht kommt und die Blicke schweifen
Was geschieht dort am Firmament
Ist es schwer nur zu begreifen
Das es nichts gibt was ihre Bewegung hemmt

Wo zieht ihr hin wo kommt ihr her
Das zu erraten ist für uns zu schwer
Mal wirbeln sie geschwind durcheinander
Mal kommen sie wie träumend daher
Immer friedlich miteinander
Wir wünschen uns davon manchmal mehr

Sind die Farben auch verschieden
Mal grau mal schwarz mal blau
Bringen auch nicht immer Frieden
Erfreun sie sich doch am Morgentau

Es ist nicht immer schön dieses Wolkenspiel
Wenn Sturm und Blitz sich auf den Weg zu uns macht
Da wird es manchen Menschen doch zu viel
Wenn dem Thor sein Hammer zu uns hernieder kracht

FRÜHLINGSERWACHEN

Du gehst hinein in den Frühling
Und spürst die warme Luft
Durch die Sonnenstrahlen fliegt der Schmetterling
Und deine Sinne erfassen der Blüten Duft

Du spürst um dich das Leben
Stille und Frieden werden dir gegeben
Vögel singen aber stören die Stille nicht
Ihr zauberhafter Klang bringt den Frieden
noch intensiver ans Licht

Grillen zirpen aber stören die Stille nicht
Ihr heller Klang steigt auf wie ein Gedicht
Wirst geblendet durch der Sonne golden Licht
Spürst die Wärme in deinem Gesicht
Spürst die frische Kraft und fühlst dich hier so sehr
geborgen
Das du kannst schöpfen Mut für Kampf gegen deine
Alltagssorgen

ES WAR EINMAL

So fangen alle Märchen an, damals und auch heut'
Drum hört was ich euch zu sagen hab' ihr lieben Leut'
Vierzehn Märchen versteck ich hier in dem Gedicht
Und keine Angst: zu einfach wird es nicht

Verschleudert sein Vermögen auch so mancher Mann
Gibt es Meilenläufer die zeigen wie man es besser machen kann
Wenn auch ein chirurgischer Eingriff rettet die Familie
Sucht der vermeintliche Mörder im Haus der Großmutter nach der goldenen Lilie

Während der Gauner in die Flucht geschlagen durch ein Quartett
Geht eine Adelige mit Bergarbeitern ungeniert ins Bett
Eine alte Dame will ,nen Jüngling gern vernaschen
Und hat Pech denn eine Verletzung führt zur Massenhypnose, einer raschen

Des Gauners kräftiger Haarwuchs verhilft zu einem Schäferstündchen
Und verhindert die Volksbefragung noch ein Stündchen
Im Schloß erteilt ein Adeliger seiner Braut noch Unterricht
Denn dass der grüne Herrscher Einzug hält das will er nicht

Zur Verbesserung der Lebensmittel in der Küche gibt es
den ersten Vogeleinsatz hier auf Erden
Ob sie wohl nach dem Leistungsprinzip auch belohnt
dann werden?

Nun seit fleißig und ratet mal
Ihr wisst vierzehn Märchen sind es an der Zahl
Und wer sie nicht gleich alle hat erkannt
Wird auch nicht sofort ins Märchenland verbannt

DU MUSST ES LESEN DAMIT DU WEISST WIE ES HEISST

Sie sind stets freundlich und hilfsbereit
Verbreiten oft Frohsinn und Heiterkeit
Häufig treiben sie es auch viel zu weit
Sind im richtigen Augenblick zu allem bereit

Doch werden sie meist kaum erkannt
Sonst würden sie von allen schnell verbannt
Sie geben sich auch wirklich schwer zu erkennen
Erst wenn es zu spät ist kann man sie benennen

Es gibt sie überall auf der Welt
Egal ob mit oder ohne Geld
Man trifft sie im Beruf, der Freizeit und der Familie
Auch Freunde und Fromme reihen sich ein in diese Linie

Erkennen sie Not und Schwäche in dir
Stürzen sie sich auf dich voller Gier
Erst wenn du dich fragst warum der letzte Freund jetzt geht
Dann wirst du sie enttarnen – meistens ist es dann zu spät

Bist tagaus und tagein von ihnen umgeben
Das schlimme ist durch sie ändert sich dein Leben
Hämisches Grinsen und falsche Worte
Stehen ihnen im Gesicht – dem richtigen Orte

Er kann mit viel Liebreiz und schönen Worten dich betören
Im nächsten Augenblick dein Leben fast zerstören
Erst wenn deine Tränen fließen
Und du dabei denkst: welch elender Wicht
Hast du ihn erkannt – den Mensch mit dem zweiten Gesicht

FALSCHER ENGEL

Du hast gesagt du bist mein Engel
Ich hab dir geglaubt ganz ohne Mängel
Und gab dir meine Seele ohne wenn und aber
Und hielt auch nichts zurück im geheimsten Lager
Meine Seele flog getragen von deinen Worten
Vorbei an Raum und Zeit und geheimen Orten
Sie war geblendet durch dein Licht
Ohne zu merken das es keine Wärme verspricht
Du nahmst meine Seele und ließest sie fallen
Meine Hilferufe ungehört verhallen
Du fragst nicht was aus meiner Seele wird
Du bist ein dunkler Engel mit dem man nur verliert
Du bist Luzifer und trägst ein falsches Licht
Ein Licht das zeigt du bist der größte Wicht
Meine Seele hatte sich verirrt du gabst sie nicht zurück
Du gingst einfach weiter ließest mir kein Glück
Du ließest sie zurück in Dunkelheit und Kälte
Es war der falsche Weg den ich mit dir wählte
Ich suchte meine Seele neu und fand sie ängstlich und verwirrt
Hatte sich auf ihrem Weg so sehr verirrt
Falscher Engel ich hab zu mir zurück gefunden
Ich sah dein falsches Gesicht und will es gerne auch bekunden
Falscher Engel der du ohne Liebe bist
Ich lass dich gehen denn du bist es den man gern vergisst

MEINE ENTDECKUNG

Wenn nach stummen Tagen die Seele nicht mehr schweigt
Und die Wolke des Vergessens wieder Lebenszeichen zeigt
Kommt im Meere der Verzweiflung wieder Land in Sicht
Wir öffnen uns der Wahrheit sehen klarer durch das Licht

Du bist und warst immer in mir - lange Zeit heimlich und versteckt
In der Not und durch die Liebe habe ich dich doch entdeckt
Tief in mir habe ich hab den Glauben nie verloren
Bin in deinem Zeichen doch geboren

Du öffnest mich der Freude und schließt die Tür zur Angst
Und es ist so wenig was du dafür verlangst
Ohne deine Hilfe hätte ich dich in mir viel zu spät gesehn
Nur du kannst den Sinn des Lebens verstehn

Wir wissen durch das funkeln der Gestirne und das Atmen dieser Welt
Im Sturm des Lebens sind wir nicht allein auf uns gestellt
Nur du kennst die Antwort warum wir sind
Und zeigst mir den Weg den allein ich nicht find

BEIM ARZT IM WARTEZIMMER

Bist du jung oder auch alt
Fühlst du dich warm oder kalt
Ganz egal, denn wenn dich plagt das Zipperlein
Schaust du notgedrungen beim Arzt herein

Hast du dich aus dem Auto dann gequält
Weil auf dem Parkplatz die große Lücke fehlt
Stehst du in der Anmeldung dann schweißgebadet und versunken
Wartest du brav bis die Arzthelferin ihren Kaffee in Ruhe hat getrunken

Nun wird deine Krankenkarte eingelesen
Hast du keine ist es so als wärst du nicht gewesen
Wenn dir dann auch noch die 10€ fehlen
Darfst du dich ganz leis nach draußen stehlen

Bist du aller Widrigkeit zum Trotz glücklich im Wartezimmer dann
Fängt dein Martyrium erst richtig an
Nur der letzte wacklige Stuhl ist noch frei
Er hat ja noch heile Beine – nämlich zwei

Dir wird auch warm denn alles ist schön eng
Die Gerüche der Nachbarn bekommst du als Geschenk
Dein gegenüber stets in deine Richtung nießt
Damit der Bazillus auch bei dir dann sprießt

Der Mann neben dir dann kräftigt hustet
Und danach seinen Atem in deine Richtung pustet
Zwei ältere Damen erzählen sich welche Farbe ihr Durchfall hat
Und das man von einer Schweinshaxe nicht wird satt

Eine Frau mit ihren beiden Kindern schimpft
Droht damit das der Doktor sie gleich mit der Spritze impft
Zwei Männer unterhalten sich ganz laut
Das keiner von ihnen dem Arzt vertraut

Du siehst andere immer tiefer in ihre Stühle sinken
Hörbar die Schlafengel aus den Träumen winken
Ein Mann kommt aus der Anmeldung – aber nicht ins Wartezimmer
Sondern direkt in dem Arzt sein Zimmer

Die Arzthelferin bringt noch dem Kaffee hinterher
Ja, so ein Privatpatient der hat es schon schwer
Der Ruf: „Der nächste bitte!" der hat dich elektrisiert
Aber leider ist nur einer dafür favorisiert

Bis du dran bist dauert es nur noch zwei Stunden
All deine Krankheitssymptome sind bis dahin
verschwunden
Die Krankheiten der anderen die kennst du jetzt auch
Brauchst nur dran zu denken schon wird es dir unwohl
im Bauch

Weißt nicht mehr was du dem Arzt sollst erzählen
Kannst unter vielen Krankheiten wählen
Dem Arzt ist das auch egal
Hauptsache du kommst wieder – im nächsten Quartal

DER PFEIL

Traf einst ein Mann eine holde Maid
Jung und hübsch in bunten Kleid
Doch zum bleiben hat sie keine Zeit
Denn der Weg nach Haus der war noch weit
Doch Amors Pfeil der traf die beiden schnell
Ist halt ein schelmischer Gesell
Beide spürten nur den kurzen süßen Schmerz
Als der Pfeil sie traf ins Herz
Himmelwärts flog Amor dann
Und auf Erden die Zeit für ein neues Glück begann

MEINE VERTRAUTE

Meine Vertraute – hab zur besten Freundin sie erkoren
ohne sie fühl ich mich fast verloren
führe täglich ein Gespräch mit ihr
muss sie oft suchen im Gewirr

Meine Vertraute – gibt mir stets den besten Rat
lässt folgen auf den Rat die Tat
denkt oft an mein seelisches Leid
ihr Horizont ist groß und weit

Meine Vertraute – gibt sich ganz in meine Hand
egal ob zu Haus oder am Strand
schenkt mir sehr viel Zärtlichkeit
holt mich zurück in die Wirklichkeit

Meine Vertraute – kennt keine Lügen
würd mich nie betrügen
stets nur Gutes tut
mit ihr verlässt mich nie der Mut

Meine Vertraute – ist für mich da bei Tag und Nacht
sogar über mein Leben wacht
ist hübsch und gar nicht prüde
ist da für mich und wird nicht müde

Meine Vertraute – ist nicht groß sondern eher klein
doch sie ist für immer mein
zeigt mir stets den rechten Weg
weiß wie man durchs Leben geht
mit ihr ich auch meine schönsten Stunden lebe
ist sie doch das wertvollste an mir

MEINE ZAHNPROTHESE

HÖR DOCH MAL GENAUER HIN

Setz dich hin und mach die Augen zu
Brauchst auch keinen Mut dazu
Öffne dich um die Welt mit geschlossenen Augen dann zu sehen
Lass deine Gedanken frei im Winde wehen
Frei und unbekümmert werden sie dann lauschen
Sich an allem einfach nur berauschen

Der Gesang der großen Vogelschar
So vollkommen und so nah
Der Apfel der vom Baume auf die Erde fällt
Ein Hund der in der Ferne bellt
Auf der Weide stampft ganz leis das liebe Vieh
Die Kirchenglocken spielen ihre Melodie
Der Wind er bläßt dein Trübsal fort
Alles ist anders und doch bist du am selben Ort
Du spürst das alles im Leben hat seinen Sinn
Und hörst noch mal genauer hin

ICH GLAUBE DARAN

Ich glaube an die Wahrheit auf dieser Welt
Und an das Leben auch ohne viel Geld
Ich glaube das die Politiker machen was sie wollen
Auch wenn ihnen das normale Volk ständig wird grollen
Ich glaube das die Mächtigen unser Leben sehr bestimmen
Und die meisten von uns diesen Berg nie erklimmen
Ich glaube das der Mensch nur durch Neugier wird schlau
Das viele eine Fassade tragen zur Schau
Ich glaube das jeder mit etwas Mut die Welt verbessern kann
Wenn das Phänomen Liebe dich schlägt in seinen Bann
Ich glaube das es sich lohnt für Freunde da zu sein
Denn sie sind im Leben oft der letzte Edelstein
Ich glaube man kann auch sehen in der Dunkelheit
Man macht eben Schritt für Schritt mit Behutsamkeit
Ich glaube das mit dem Alter eine gewisse Weisheit nicht könnt schaden
Denn damit kann niemand seine Schultern überladen
Ich glaube das jeder sollte verzeihen und vergeben
Denn es ist nicht verkehrt nach Menschlichkeit zu streben
Ich glaube das die Freude mich verführt zum Tanz
Und das man für Leistung bekommt einen Siegerkranz
Ich glaube das das Gefühl der Liebe uns den Schlaf kann rauben
Ich glaube einfach – an den Glauben

ZWEITE WAHL

Bist du auf Arbeitssuche
Und brauchst Geld damit plus steht bei dir zu buche
Wirst du gnadenlos ausgebeutet
Egal was das für dich bedeutet

Gibst bei der Arbeit alles – wird nach und nach zur Qual
Bist noch gar nicht so alt – fühlst dich aber als zweite Wahl
Wirst nervös da der Chef dir ständig auf die Finger sieht
Hast Angst das er die negative Bilanz dann zieht

Werden seine ständigen Blicke dir zur Qual
Bist eben doch nur zweite Wahl
Hast keinen Trumpf mehr in der Hinterhand
Die Sorgen bringen dich um den Verstand

Dann kommt der Tag an dem wird alles klar
Deine Ahnungen werden alle wahr
Du wirst nicht mehr gebraucht und kannst nun gehen
Du bist alt genug das musst du doch verstehn

Es freuen sich die die es nicht getroffen
Können sie doch auf gute Zukunft hoffen
Haben den nächsten Urlaub schon gebucht
Und vergessen das der Chef sich schon den nächsten sucht
Für ihn zählt doch nur die schwarze Zahl
Der kleine Mann ist da immer nur die zweite Wahl

WIEDER EIN JAHR ÄLTER

Und wieder ist ein Lebensjahr an mir vorbei gegangen
Ein Jahr das ist schon ganz schön lang
Kann niemanden für diese zwölf Monate belangen
Und alles hat einen faden Klang

Ein Jahr vollgepackt mit Leid und Schmerz
Die Krankheit hatte mich auch voll im Griff
habe gemerkt das Gottes Liebe erfüllt mein Herz
War nicht allein auf sinkendem Schiff

Liebe verhalf mir zu neuem Mut
Bekämpfte des Herzens Einsamkeit
Das tat meiner Seele richtig gut
Tief in mir war ich dazu bereit

Das neue Lebensjahr soll jetzt besser werden
Nach vorne will ich sehen und nicht zurück
Und abwerfen alle Last und die Beschwerden
Möchte meinen Frieden wieder – Stück für Stück

Doch Freude empfinden für diesen Tag
Das fällt mir doch noch ganz schön schwer
Warte noch auf den großen Ritterschlag
Damit die Zukunft wird Freuden- und nicht Tränenschwer

WIEDER EIN JAHR ÄLTER

Und wieder ist ein Lebensjahr an mir vorbei gegangen
Ein Jahr das ist schon ganz schön lang
Kann niemanden für diese zwölf Monate belangen
Und alles hat einen faden Klang

Ein Jahr vollgepackt mit Leid und Schmerz
Die Krankheit hatte mich auch voll im Griff
habe gemerkt das Gottes Liebe erfüllt mein Herz
War nicht allein auf sinkendem Schiff

Liebe verhalf mir zu neuem Mut
Bekämpfte des Herzens Einsamkeit
Das tat meiner Seele richtig gut
Tief in mir war ich dazu bereit

Das neue Lebensjahr soll jetzt besser werden
Nach vorne will ich sehen und nicht zurück
Und abwerfen alle Last und die Beschwerden
Möchte meinen Frieden wieder – Stück für Stück

Doch Freude empfinden für diesen Tag
Das fällt mir doch noch ganz schön schwer
Warte noch auf den großen Ritterschlag
Damit die Zukunft wird Freuden- und nicht Tränenschwer

ICH SCHLIEF UND TRÄUMTE

Ich schlief und träumte das Leben sei Freude
Und das es nichts gab das ich bereute
Ich wachte auf und sah das Leben ist Pflicht
Und nichts zu bereuen das gibt es nicht

Ich schlief und träumte alle Menschen wären gleich
Und es gäbe weder arm noch reich
Ich wachte auf und sah dass jeder Mensch doch anders ist
Und das der Reiche den Armen ganz schnell vergisst

Ich schlief und träumte es ist leicht große Worte von sich zu geben
Und nach eigenen Gesetzen zu leben
Ich wachte auf und sah es ist nicht schwer andere zu rühren
Und dann zu falschen Taten zu verführen

Ich schlief und träumte nichts kann mich verwunden
Und das ich allen meine Stärke kann bekunden
Ich wachte auf und sah Wunden werden nicht geheilt mit Geld
Sie lehren uns mit dem unbegreiflichen zu leben auf dieser Welt

Ich schlief und träumte ich hinterlasse einst für viele was zum Gebrauch
Und vernahm ein Lobgesang auf mich – so ist es Brauch
Ich wachte auf und sah es wird nicht viel in Erinnerung bleiben
Das Schlechte will jeder wissen – vom Guten wird kaum etwas verbleiben
Aber ist das denn alles wirklich nur ein Traum
Oder spielt mein Geist mir einen Streich mit diesen Reisen zwischen Zeit und Raum

JULIA OHNE ROMEO

Sie ist so zart und zierlich
So unverschämt respektierlich
In ihrer goldblonden Löwenmähne
Verirrt sich keine falsche Strähne

Sieht man sie mit ihren kleinen Sommersprossen
Denkt man ein Künstler hätt sie mit Absicht rein geschossen
Leider ist sie krank, deshalb ist sie hier
Aber wenn sie wütend, dann wird sie zum Tier

Meistens munter und zum Gespräch bereit
Ist sie doch ab und zu auch hilfsbereit
Bei Vergabe der Krankheiten rief sie: ich bin hier
Gib mir nicht eine, nicht zwei, gib mir gleich vier

Vorne steht sie auch im großen Chor
Wer da nicht hinhört ist ein Tor
Denn wenn sie ihre Stimme erhebt
Weiß man dass gleich die Halle bebt

Ihre Romeos das sind ihre beiden Katzen
Mit Krallen bewährt sind auch Julias Tatzen
Vegetarisch muss auch noch ihr Essen sein
Einen Fehler hat eben jeder und ist er noch so klein

SOMMERZEIT

Ich geh hinaus und suche Freude
Auf das die Sommerzeit meinen Schmerz betäube
Schaue in die schönen Gärten hier
Sehe auch manch kleines Tier

Bäume zeigen sich in schönster Pracht
Sonne durch die Äste lacht
Schmetterlinge zeigen sich im schönsten Kleide
Spinnen ziehen ihr Netz aus Seide

Vögel lassen sich auf den Ästen nieder
Ihre Lieder hallen in meinen Ohren wieder
Der Schall aus diesem großen Chor
Dringt in alle Hügel und Täler vor

Ich kann nicht ruhn und muss immer weiter gehen
Denn meine Augen sagen: genieße und bleib nicht stehn
Ich bin so froh, so frei, stimme ein wenn alles singt
Und lasse alles raus was in meinem Herzen klingt

Alles ist hier so schön und friedlich
Nichts stimmt mich hier verdrießlich
Dabei stehe ich unter blauem Himmelszelt
Dem schönsten Dach der Welt

Wünsche mir das Segen vom Himmel fließt
Damit in der Seele die gute Pflanze sprießt
Hoffe das alle nach mir noch können diese schöne Welt anschauen
Und nicht um sich herum nur auf dicke Mauern schauen

HINTER DER WOLKENWAND

Hinter der Wolkenwand glühen die Sterne
Für uns in unendlicher Ferne
Ewig in unsagbarer Pracht
Auch in dunkelster Nacht

Hinter der Wolkenwand ist ein goldenes Licht
Welches brennt auf ewiglich
Wir brauchen das auch nicht verstehn
Erst am Ende aller Zeit wird es auch vergehn

Hinter der Wolkenwand ist die Ewigkeit
Von allem Leid wird man dort befreit
Es vergehen alle deine Schmerzen
Von der Seele und auch vom Herzen

Hinter der Wolkenwand da wohnt der Frieden
Doch wir sehen ihn nicht und lassen ihn liegen
Der tiefste Schmerz kennt dort keinen Laut
Man hört nur den Tropfen der vom Auge taut

Hinter der Wolkenwand thront das höchste Glück
Müssen uns ihm nähern – Stück für Stück
Dieses Glück kennt viele Lieder
Finden sie in unsren Herzen wieder

ICH BIN DIE WELT

Ich bin die Welt und die Welt ist in mir
Wer bin ich und was siehst du in mir
Meine Gedanken schleppen meine Seele hinter sich her
Und fragen auch wer bist du denn bloß – wer
Ich bin entweder groß und am strahlen
Oder klein wie ein Wurm und trotzdem am prahlen
Ich bin die Welt und die Welt ist in mir

Meine Seele erkennt die Beschränktheit meines Geistes
Und sagt zu mir du weißt es
Nur mein innerstes Ich weiß um das unendliche Mehr
Und das gleichzeitige Nichts in mir
Ich bin die Welt und die Welt ist in mir

Ich weiß nichts und glaube nur zu wissen
Denn mein Geist ist kein sanftes Ruhekissen
Er weiß nicht um die Stille – den Frieden des Seins
Oh mein Herrgott bitte sag was gehört nun zu mir
Denn du bist die Welt und die Welt ist in dir

EINSAMKEIT DER NACHT

Die Einsamkeit der Nacht beginnt
Sie ist wie ein ungeliebtes Kind
Das langsam in der Dunkelheit verschwind'
Während die Zeit doch langsam zwischen den Fingern verrinnt

Ganz versunken in Gedanken
Die sich mal um schönes und mal um schlimmes ranken
Ein tiefer Schlaf ist das was fehlt
Böser Traum die Zeit nur stehlt

Müdigkeit wo bleibt sie nur
Dieses halbe Wachen ist der Horror pur
Klarer Himmel viele Sterne und auch der Mond nicht fehlt
Dadurch die Einsamkeit nur noch stärker quält

Der Schlaf er kommt kurz vor dem Morgengrauen
Nebel ziehen durch die Wiesenauen
Vorbei ist die Nacht der Tag bringt Linderung
Aber die Einsamkeit der Nacht bleibt in Erinnerung

SCHRECKLICH

Schrecklich – es geschieht so viel Schlimmes hier auf Erden
Was soll da aus uns bloß werden
Schrecklich – in den Kriegen sterben Menschen einen sinnlosen Tod
Andere müssen betteln für ihr täglich Brot
Schrecklich – wenn jemand ein Leben lang im Rollstuhl sitzt
Oder sich ein anderer zu Tode ritzt
Schrecklich – das schon Kinder zur Arbeit gehen müssen
Wenn Menschen sich mit Drogen selbst ihr Leben versüßen
Schrecklich – wenn einer den anderen bestiehlt
Oder jemand aus Angst aus seiner Heimat flieht
Schrecklich – ist auch der Sumpf der Korruption
Die Schlägerei auf der Bahnstation
Schrecklich – ist der Gang in die Arbeitslosigkeit
Ohne Wasser die große Trockenheit
Schrecklich – wenn die Naturgewalten toben
Umweltverschmutzung von der Erde bis ganz oben
Schrecklich – wenn im Alter keiner will dich pflegen
Ist auch der sintflutartige Regen
Schrecklich – sind Männer ohne Kontrolle ihrer Triebe
Ist ein Leben ohne Freunde, ohne Liebe
Schrecklich – wenn man lebt unter vielen und trotzdem einsam ist
Wenn man weiß das der größte Schrecken des Menschen der Mensch selber ist

DER CLOWN

Heut ist der Zirkus bei uns zu Gast
Macht auf der Wiese ein paar Tage Rast
Gibt so viele Attraktionen
Wie Menschen in den Wagen wohnen

Die Vorstellung hat begonnen
Es ist schon etwas Zeit verronnen
Jetzt ist die Manege wieder frei
Und die Menschen rufen den Clown herbei

Er tritt ein, das Gesicht ist bunt geschminkt
Mit beiden Armen er den Kindern winkt
Die Knollennase dunkelrot
Die Haare wie das Abendrot

Mundwinkel ziehen sich bis zu den Ohren
Als wär das Lachen angeboren
Die Menge lacht sich krumm
Denn der Clown er stellt sich dumm

Er will alle zum Lachen bringen
Doch bei einem will ihm das nicht gelingen
Dieser eine sieht sich in der Manege des Lebens stehn
Menschen die sich an ihm vergehn

Menschen die ihn schubsen, treten und verspotten
Zieht er an wie das Licht die Motten
Tief verletzt wird er auch noch angeschrien
Wo sind die Menschen die für ihn zu Felde ziehn

Egal in welcher Manege er steht
Die Lust am Leben ihm langsam vergeht
Niemand darf hinter seine Maske schaun
Denn dieser eine das ist er selbst – der Clown

ICH SEHE...

Ich sehe ein Land mit vielen schönen Bäumen bestückt
Und Häuser mit viel Farbe beglückt
Aber ich sehe auch Menschen aus diesem Lande fliehen
Die hoffen es wird alles besser wohin sie jetzt ziehn

Ich sehe einen Himmel ohne Wolken so blau
Und einen Fluß, klar und rein stellt er sich zur schau
Aber ich sehe auch Menschen die sind geflohen weil alles besser soll werden
Doch wo sie auch hinkommen finden sie Feindschaft auf Erden

Ich sehe ein Licht das ganz weiß erstrahlt
Und ein Kraftwerk das hoffentlich nach innen nur strahlt
Aber ich sehe auch Menschen von denen viele positiv denken
Doch niemand ist da der sie auf den rechten Weg kann lenken

Ich sehe Pferde auf der Weide die sich üben in ihrer Schnelligkeit
Und eine Blumenwiese die prahlt mit ihrer Vielseitigkeit
Aber ich sehe auch überall Hunger und Krieg
Menschen die sinnlos sterben für einen sinnlosen Sieg

Ich sehe ein Getreidefeld in Herzform angelegt
Und einen Mann der zärtlich den Arm um seine Liebste legt
Aber ich sehe auch Berge voll Lüge und Hinterlist
Wo man die Würde des Menschen ganz schnell vergisst

Ich sehe einen Schwarm Vögel scheinbar in die Sonne fliegen
Und Menschen die im Schatten großer Bäume liegen
Aber ich sehe auch Hass und Menschen die stolz auf ihre Verbrechen sind
Und nicht zurückschrecken vor Gewalt an einem Kind

Ich sehe einen großen blauen See auf dem Boote fahren
Und Menschen am Strand, die in der prallen Sonne fast garen
Aber ich sehe auch Angst und Entsetzten in großen Kinderaugen
Wenn sich Soldaten an ihrer Mutter vergehen – vor ihren Augen

Ich sehe Berge deren schneebedeckten Gipfel durch die Wolken brechen
Und viele Täler mit kleinen munteren Bächen
Aber ich sehe auch überall Gewinnsucht und Gier nach dem Geld
Wenn nicht entsorgte Gifte zerstören die Natur dieser Welt

Ich sehe einen Wal dessen Rückenflosse die Wellen teilt
Und einen Eisbären der langsam in das Wasser steigt
Aber ich sehe auch skrupellose Händler die zahlen wie jeder weiß
Für das weiße Gold der Elefanten jeden Preis

Ich sehe in meinen Träumen ich weiß ich werde es nicht mehr erleben
Eine Erde auf der wir ohne Furcht in Frieden können leben
Und ich träume davon das alle empfangen Glück und Liebe auf dieser Welt
Das einer den anderen ohne zu zögern in den Armen hält

FRIEDEN IM HERZEN

Sorg dafür das die Liebe in dir gedeiht
Denn dein Herz ist dafür geweiht
Laß die Liebe doch einfach blühen
Bringt so viele Herzen doch zum glühen

Gießt die Pflanze des Friedens in eurem Herz
Sie wächst und gedeiht ganz ohne Schmerz
Frieden lässt die Menschen gelöster aussehen
Der Menschlichkeit ganz viele Wege aufstehn

So kannst du sagen: ich bin für dich und nicht gegen dich
Ich bin immer für dich da, mit Liebe ganz verschwenderisch
Auch wenn du mich nicht magst bin ich bei dir
Denn der Frieden öffnet mein Herz ganz weit in mir

Ich werde nicht vor dir und nicht hinter dir gehn
Mein Herz lässt mich an deiner Seite stehn
Alle Schwierigkeiten können wir gemeinsam überwinden
Mit Zuversicht werden wir den Weg auch finden

Ein Herz voll mit Geduld, Nachsicht und Freundlichkeit
Gibt uns Stärke und macht uns bereit
Viele werden jetzt sagen: annehmen ja, das ist uns möglich
Aber so viel zu geben ist doch unmöglich
Doch unser Herz ist wie eine Schatztruhe: mach es auf
Denn es ist voller Gold und Silber und ganz viel Liebe liegt oben drauf

TRAUMWELT

Ich vergesse die Welt ich halte inne
Trete ein durch das Tor der ruhenden Sinne
Nur ich allein im Herzen der Welt
Vorbei ist die Jagd nach Ruhm und Geld

Ich geh tief in mich und schau hinauf
Eine große Tür tut sich auf
Trete ein und kann in der Hast des Alltags ruhen und schweigen
Mich dankbar vor Gottes Schöpfung neigen

Die Grenzen erkennen in Zeit und Raum
Alles erleben wie im Traum
Die Zeit steht nun still - ich atme in ihr
Die ganze Welt versöhnt sich mit mir

Frieden fließt in mein Herz
Vertreibt böse Gedanken und den Seelenschmerz
Ich tauche wieder ein in den Lärm unserer Zeit
Demütig erkennend die Unendlichkeit
Ich fühle mich an Körper und Seele erholt
Die Sonne bestrahlt den Tag mit schimmerndem Gold

ZU HAUSE

Diese Wohnung und diese Räume waren lange dein Heim
Was nützt es – am Ende warst du doch allein
Willst du Frieden haben dann musst du verzeihn
Da hilft kein weinen und auch kein schrein

Du siehst die alten Bilder unter Tränen oft an
Verwaschen von dem Salz der Tränen hängst du doch daran
Erinnerst dich gerne an die Zeit als alles begann
Merkst erst jetzt das die Zeit zwischen den Fingern zerrann

Bist nun krank und alt und ohne Geld
Hast kein Vertrauen mehr in diese Welt
Kannst die Miete nicht mehr zahlen
Deine Kisten werden gepackt – siehst es mit Qualen
Dein ganzes Leben in Kisten gepackt
Was nicht mehr passt wird in Tüten versackt

Wirst in ein Heim abgeschoben
Bist angeblich gut dort aufgehoben
Bist aber nur auf das Abstellgleis geschoben
Es fällt dir schwer zu danken und zu loben

Deine Wünsche interessieren keinen mehr
Bist nur eine Figur – geschoben hin und her
Hast nun Zeit zu kommen mit dir ins denn du warst und bist mit dir – alleine

ENGELSWORTE

Still fühle ich die warmen Strahlen
In der dunklen – kalten Nacht
Und das Eis um meinem Herzen
Taut nun auf mit aller Macht

Rinnt als Tränen aus den Augen
Bilden schweigend einen See
Großer Schreck in meinem Innern
Als ich tief im Wasser steh

Dicke Mauern wie ein Panzer
Hatten einst sich aufgebaut
Doch nun ist das Eis der Trauer
Stumm und leise abgetaut

Engelsflügel streifen zärtlich mein Gesicht
Und ich höre aus der Ferne wie er leise zu mir spricht:
Verliere nie den Glauben und die Zuversicht
Dann wirst du getragen hinauf ins Sternenlicht

SEHNSUCHT IST UNSTILLBAR

Sehnsucht was ist das, ein Gefühl oder eine Gedanke?
Manchmal eine Entscheidung bei der ich wanke
Sehnsucht nach einem Menschen den man liebt
Weil eine große Entfernung zwischen beiden liegt

Sehnsucht nach jemand den man an Gott gerade hat verloren
Damit er jetzt als Engel wird neu geboren
Sehnsucht nach dem Mammon, dem vielen Geld
Denn eins ist klar: Geld regiert die Welt

Sehnsucht nach Gesundheit wenn man oft schon hat den Arzt gerufen
Weil man bei der Krankheitsvergabe mehrmals „hier" hat gerufen
Sehnsucht nach dem Ende der Arbeitszeit
Weil der Weg nach Hause ist so weit
Doch die größte Sehnsucht ist die nach dem Frieden für uns alle
Denn nicht nur mein Herz freut sich darüber in diesem Falle